JN440622

길눈

국립중앙도서관 출판시도서목록(CIP)

길눈 : 이영옥 시집 = Lee Young-Ok poetry / 지은이: 이영옥.
-- 대전 : 오늘의문학사, 2013
p. ; cm. -- (문학사랑 시인선 ; 22)

ISBN 978-89-5669-549-5 03810 : ₩10000

한국 현대시[韓國 現代詩]

811.62-KDC5
895.714-DDC21 CIP2013001336

문학사랑시인선 22

# 길눈

이영옥 시집

오늘의문학사

| 책머리에 |

詩는 내 숨통을 조였다 놓았다 한다
사는 일도 그렇지 않던가
언제는 죽을 듯 괴롭다가도
깔깔깔 웃어대며 한번 살아볼 만한 세상이라고
관대한 듯 바라보지 않았던가
시를 쓰고 시집을 엮는 것이
살아있다는 추임새쯤이나 될까
벌 받을지도 모른다
허접한 쓰레기 한 뭉치 던져놓았다고.

| 차례 |

| 차례 |

## 제2부_마침표

## 제3부_얼음새꽃

| 차례 |

## 제4부_쉬운 외출

제1부

# 외줄타기

# 꽃누르미

보장받지 못한
생의 두려움이었을까

내 몸 곳곳은
황홀한 색으로 빛났다
살아있음과 없음의 아슬한 경계에서
저장된 숨통들이 흐늘거렸다

까내린 햇살 너머
가볍게, 가볍게
제 무게를 내리고
건너야 만나는 열반涅槃의 강

* 꽃누르미, 압화(壓花) : 꽃의 수분을 제거하여 만든 꽃 예술.

# 입춘 무렵

칩거에 들었던 것들이
들썩들썩 틈새를 늘이기 시작했다

틈새를 벼르고
언 물이 녹아들고
가랑이 사이로
첫물 같은 뜨거운 기운이
파란 희망을 가져다줄지도 모른다

스스로를 옥죄어 오던
바닥을 딛고 일어서는
소멸하지 않는 신화의 간이역

고요를 들어 얹은
그 침묵의 가운데로 들어서고 싶다

# 어디쯤일까

기차소리가 들려요

소리 나는 곳 야산을 뛰어올라 하나 둘 기차 칸수를 세며 손 흔들어 줄 사이도 없이 덩그러니 납작 엎드린 두 갈래 길만 남기고 달아나 버리는 꼬리를 바라보기만 했지요 다랭이밭에서 허리 한번 곧추세우지 못하고 엉덩이 질질 끌며 풀을 메던 엄마는 '너무 멀리 가지 마라' 했지만 나는 기차를 타고 싶었어요 엄마 꽁지를 따라다니며 보이는 그림처럼 박혀있는 시골집들도 산중턱 드문드문 올라온 봉분들 끝없이 열린 들판도 골목골목 눌러앉은 분냄새 나는 짐승들의 우리도 아닌, 가다가다 기차소리가 끝나는 곳 어디쯤일까 떠나고 싶었어요 논산 훈련소로 향하는 입영열차라는 것을 알아버린 지금도

가끔씩 소리가 들려요

# 외줄타기

영원한 자유의 길에 들고자
가는 길이 있어
여름내 파랗던 목숨들은
지나는 발자국 소리로 긴 잠을 재우고
산죽 몇 잎 들고 일어나
잠들지 않은 청청한 손을 내밀었지

하필, 콧등 시린 이 추운 날
문득 올려다본 해인사의 하늘에
참나무 가지 끝,
누가 탯줄을 놓았을까

출가의 길에 든 행자처럼
해인사 독경소리에 번뇌를 묻고
아스라이 매달린 겨우살이*

지루하리만큼 황폐한 세상을 향해

꺼질 듯 꺼지지 않는 촉수를 세워
부처님의 진신眞身사리가
참나무 가지 끝에 똬리를 틀었을까

불경도 아닌 것이
성경도 아닌 것이
단지, 외줄로 연명한 목숨 하나가
일주문에 들고 있다

* 겨우살이 : 늘푸른 떨기나무로 황록색 줄기와 잎으로 Y자를 만들며 새둥지 같이 둥근 모양을 만든다.

# 살살이꽃

바람이 내지른 씨를
아무데서나 받은 것이다
들판으로 오솔길로 강변으로
내 작은 모퉁이까지
눈치 없이 찾아와
요요, 이쁜 것, 고운 것
사알살
가을 둔부를 탐하는 중이다

* 살살이꽃 : 코스모스의 우리말

# 길눈

한두 번은 갔다 왔을 법한 길,

지하로 뚫린 터널을 달려 속도위반 무인카메라 세 개쯤 지나 둥치 큰 가로수 고목을 안고 우회전 다리를 돌아 앞으로만 가면 되는 길이었던가, 헤매지 않으려고 머릿속에 그림을 그린다. 몇 번씩 확인하며 떠나도 곧잘 헤매고 도는 길 위의 망연자실. 세월의 더께를 더해도 진전 없는 길치다. 가끔은 묵인하고 사는 건 아닌가, 헛디딘 길 위의 이정표마저.

염치없다, 간간이 침묵으로부터 끌어내준 행복이.

# 화분갈이

음력 이월 초이틀
화분에 갇혀있는 흙을 파내려다
모종삽이 휘었다

그땐 몰랐다
거실 한쪽에 웅크리고 앉아
묵은 겨울
바람 시린 들녘을 건너
뿌리 내리며 견디느라
쟁여있는 자양분
모두 내어주고
더욱 단단히 박혀있다는 것을

뿌리가 벌고
둥치가 커져 가면
들고 나는 일
내 맘 아닌 것을

시간의 불협화음
지그시 누르며
틈을 내주고 싶었다

# 산길

어딘가에서
한번은 꼬옥
만날 것만 같아
급하게 찾아 나선
함께했던 길
두리번대다
머뭇대다
뒤돌아보다
언젠가는 지칠지 모를
제 속의 출렁거림을 뒤적이다
길을 잃었네

# 11월에는

이쯤 되면 아무렇지 않게 너의 얼굴을 볼 수 있을 거라 믿었다 일년 삼백육십오일을 두 번 헤아리고도 삼백삼십오일이면 귓바퀴에 걸려 웅웅대던 목소리, 뇌신경을 몇 바퀴 돌아 심장을 두드리던 쿵쾅거리는 두근거림을 건너 헐 대로 헐어버린 아픔조차도 아무렇지 않게 그 계절을 건너갈 수 있으리라 의심하지 않았던 밤들, 어젯밤 쉬지 않고 창문을 두드리던 바람의 손에 노란 은행잎은 와르르 주저앉아 익숙함에 길들여진 아침을 받아들였다.

그래, 밟히는 거야.
형체가 사라진다 해서
기억에서 지워지는 것은 아니지
몹쓸 추억의 언저리를 맴돌다
햇살 반쯤 갉아먹은 11월의 오후

## 비늘눈

— 미조항을 다녀오며

이국에 머문 아버지에게선
멸치 비린내가 났다
달랑 몸뚱이 하나로
떠나온 남해 끝 미조리
통장 잔액란에 얼마간의 숫자가 쌓여야
이곳을 미련없이 떠날 수 있을까
시간을 쪼듯
그물에 걸린 멸치를
얼마나 더 털어대야
밤마다 찾아오는 통증조차 무디어질까
'얼레얼구씨 얼레얼구씨'
머리에 튀어 붙은 멸치 도막에 날아들어
쪼아대는 갈매기 입
무거운 노동을 렌즈에
빨아들이는 이들에게
미소 한 조각 보낼 여유 없는
이 비릿한 여행은 언제쯤 끝이 날까

촘촘한 그물망에 갇혀
은빛으로 서러운
하노이 늙은 아버지의 비늘눈

# 죽을 쑤며

불린 쌀 한 주먹
양은냄비에 부려 넣고 죽을 쑨다

젓는 주걱 따라
내 속은 비리비리 뒤웅박이다
원안이든 수정안이든
행복을 찾겠다는 세종시도
대지진에 휘둘린 아이티를 돕겠다는 손길도
역겨울 것 없는데

냄비 속 하얀 쌀은
자꾸 자꾸 몸을 불려가는데
내 몸 하나 지키겠다고
제 손으로 죽을 쓰며
견딜 수 없이 아프게
콕콕 쪼는 슬픔은 무엇일까

# 술래

어디에 숨을까요
어디로 달아날까요
털끝 하나 보이지 않는
아린 가슴 지그시 쓸어내릴
한평 남짓이면 되겠어요
밝기가 없어도
소리가 없어도
어둠이 전부여도
내 몸 한덩이, 생각 한 줌
드나들만 하다면.

제2부

# 마침표

# 변명

발광하던 장마가 꿇어앉은 날,
궤짝으로 배달된 사과를 먹었습니다.

제대로 햇살 한번 받지 못한 탓일까, 귀퉁이 무른 사과를 도려내며 속살 반, 허물 반인 삶이 껍질째 쟁반 위로 널브러져 또 다른 낯선 부활이 시작되었다. 여태 신성한 것이라 믿었던 부활.

다시는 돌아올 수도 없게
먼 곳으로
어머니, 당신을 두고 온 이후
당신이 남긴 오만 것을 만지작거리다
여름을 무더기로 보낸 비가 옵니다

# 마침표

꽃상여 뒤를 따르며 찬송했습니다.
며칠 후 며칠 후 요단강 건너가 만나리라고
검은소변을 쏟아낸다는 병세를 들었을 때도
삼칠일 요양병원에 누워
가까스로 의식을 불러
내 이름을 부르실 때도
새벽녘 언니에게 부음을 들었을 때도
당신의 부재를 믿지 않았습니다.

등신이 되었습니다.
어머니 계신 산소 길밖에 모르는
아버지는,
노인학교에서 간식으로 준 박하사탕 두 개
호주머니에서 꺼내 산소 앞에 올려놓고는
"내가 왔다 간 지 알라나?"
물으십니다

이제사,

당신의 마침표가 보입니다.

# 마중물

이제 신화리 100번지는 아무도 살지 않는다

영영 돌아오지 못할 곳으로 떠난 어머니
풀 한포기 허락지 않던
아버지 마당에는
계절 따라 번갈아 맺고 지는
감나무밤나무석류나무은행나무대추나무향나무만
주인인 양
제자리에 꿈쩍 않고 서 있다

우리 따로 객지를 떠돌다
바싹 마른 속내
번번이 삐걱거려도
육남매 불려 놓은 식솔들까지
가끔씩 둘러앉아
배곯던 기억조차

추억하라던 말씀,
마중물*로 부어져
빈집 가득
시간의 틈새를 적신다

* 마중물 : 펌프에서 물이 잘 나오지 아니할 때 물을 끌어올리기 위하여 위에서 붓는 물.

# 들깨 걷이

엄마를 보내느라
때늦은 들깨 타작을 했다.
그 중 반은 땅으로 떨어져
제철 모르고 싹이 나고
그 중 반은 털어 집으로 가져왔다

키 엉덩이를 치며 까부를 때마다
터럭은 앞으로 쏠려 떨어지고
알곡은 안으로 차곡이 몰려들었지
당신이 하던 모습 시늉하며
키에 서너 주먹씩 넣어 까부르기를 했다

아무리 흔들어 치며 까불러봐도
알곡과 쭉정이가 뒤엉켜드는 건 왜일까
아직 당신이 남긴 가을은 지천인데
세상 이치, 가르는 법

다 배우지 못한 타작마당 한 가운데
쪽정이 한 움큼.

# 화관花冠

당신, 가신 뒤 첫 번째 맞는 어버이 날이에요
아이들 앞세워 찾아간 산소에는
가슴에 꽂아드린 카네이션 보며
보내던 달큰한 미소가 꽃잔디로 환했어요

부자父子가 나란히 찾아와
어머니 머리에 화관을 만들었는가 봐요
마지막까지
아버지 조석을 걱정하던
당신이 쓰던 세간마다
육십 줄에 가까운
큰아들 몫이 되었고
글문조차 깨지 못한 아버지는
아들에게 가나다라와
1,2,3,4를 배우고 있지요

그렇게 엄마가 떠난 후
덩그마니 아버지 혼자 남은
큰집엔
당신의 기억을 하나씩 꿰어가고 있는
쓸쓸한
부자父子가 살고 있지요

# 임종

어머니가 떠나던 날부터
굽은 등을 뚫고 썩어 들어가던 수포들이
짝을 잃은 슬픔의 증표였던가요
못미덥던 아버지 남기시고 어머니가 훌훌 떠나신 후
홀로 남은 당신 보듬어 들여야지, 다짐했지만
일년에 서너 번 걸음한 것으로
밥 한번 같이 먹는 것으로
당신의 외로움을 모두 거둬낸 양
몹쓸 호기를 부리지 않았던가요

이승과의 인연을 그렇게 맥없이
끊고 계셨던 그 시각
막내딸은 호프집에 앉아
사는 일 퍽퍽하다며
사는 것 별 것 아니라고
가시 돋친 말들을 거침없이 토해내던 목구멍으로
철철 넘치는 생맥주를 넘기고 있었지요

돌아가는 길 어귀에서
“할 수 없어야, 잘하고 살어” 란 말씀 남겨놓고
마흔이 넘어 낳은 늦둥이 막내딸
세상에 떼어놓고
뭘 잘해야 하는지
뭐가 할 수 없으신지
자상히 설명해 주고 가셔야지요

자식들 앞에서
마음대로 눈물 한번 흘리지 못했던
큰소리 한번 내지 않았던
당신은 나에게 무엇이었는지요

어머니 손 놓칠까
같은 여름으로 떠나신 아버지
이왕이면 저도 여름에 돌아가
첫사랑, 어머니 아버지를 만나겠습니다

# 잎꽂이

똑,똑,
다육이 잎 하나씩 따
햇살 바른 창가에
잎꽂이를 한다

삼십육 일, 물 한 모금
마다하며
긴 시간 사투死鬪 끝
바싹 마른 마사토 위에
새 잎을 내리고

제 살점 모두 허물린 후
떠나는 모정母情

소소한 것들이
부려놓은 이름,
어·머·니

## 마음의 풍경
— 내 하나의 소중한 언니에게

12년 터울의 거리를 넘어
내 생의 어디쯤에는 늘 당신이 있었습니다.
아홉살 동생 초등학교 교실에
갱지*를 선물하여 우쭐하게 했고
열살 촌뜨기 소풍날엔
손수 옷을 만들어 입혔지요
낯선 객지에서 학교를 다닐 때
당신의 따뜻한 밥과
보살핌이 없었다면
아마도 내 인생에 버거움이 더 보태졌겠지요.

사는 일이 고비고비를 만날 때마다
주저앉고 싶을 때도 있었겠지요.
당신이 그토록 붙들고 믿는 예수도
원망했을 때도 있었겠지요
아무리 힘겨워도 오뚜기처럼 다시 일어서는
슬기를 보여준 당신은

늙은 어미를 둔 나의 또 다른 어미였습니다.
눈물이 없는 사람인 줄 알았습니다.
층층이 동생들 앞에서
자존심 하나로 살고 있는 당신이
허술하게 눈물을 보일 턱이 있습니까
겉으로 단단한 사람이
속으로 얼마나 무너지고 있는 줄
마흔이 훨씬 넘어서야
조금은 알 것 같습니다.

같은 어미 아비를 4년 사이
모두 하늘나라로 보내드리며
난 든든한 기둥을 잃었습니다.
우리는 울었습니다.
언니의 눈물을 보았습니다.
각오하세요
귀찮아 떼어놓고 싶어도

달라붙어 당신 곁에 머무를 작정입니다.
칼바람 매서운 한파의 통로 어디쯤
있게 되더라도
당신이 있어 견딜만 하겠지요,
나의 디모데*여….

* 갱지 : 시험지로 쓰던 재생지
* 디모데 : 바울 곁에 많은 사람들 중 가장 가까웠던 믿음의 사람.

# 인연 그 후

— 형부의 쾌유를 기원하며

초등학교 5학년 운동회였어요.
청군 백군 점수를 매기고 있었던 나는
오토바이를 타고 장교복을 입은 멋진 사람이 나타났을 때 친구들에게 막 자랑하고 싶었어요.
나에게 이렇게 예쁜 언니가 있는 것만으로도
우쭐대곤 했는데
하나밖에 없는 언니 신랑이 될 분이라는데
왜 그렇게 마음이 두근두근 설레었는지요.
검게 탄 얼굴에 촌스러운 처제가 있다는 것이
창피하지 않을까 걱정 되었지요
그렇게 인연이 시작된 후
단칸방 신혼살림을 차렸던 연무대에서
대전 정림동에서 유천동에서
사사건건 처갓집 식구들이 드나들어도
싫은 내색 한번 하지 않았던 형부,
모두가 힘들었지만
지나온 날들이 모두 추억입니다.

형부가 마당 너른 집에 거처를 마련하고
하얀 이를 드러내며 보여주던 미소가
참 편안해 보여서 좋았습니다
이제 고생 다했나보다 반가웠습니다.
아, 그런데, 생각지도 못한 병명을 받고
투병을 하고 있는 형부,
오토바이 헬멧을 씌워주며
귀여워해주셨던 형부를 기억합니다.
지금까지의 고생이 헛되지 않도록
훌훌 털고 일어나십시오.
패기 하나로 청청靑靑했던
그 때의 군인정신을 데려오세요.

전지전능하신 하나님,
한번만 더 형부에게 언니에게
오직예수의 사랑을 체험하게 하소서
당신 아들의 기도를 살피소서.

## 찬송합니다

— 셋째 오빠의 장로 임직예배에서

잊을 만하면 찬송을 부릅니다.
신앙생활을 접은 이후
일년에 두 번 있는 아버지 어머니의 추도예배 말고는
부를 일이 없는 찬송이
목이 찐득하게 아픕니다
오늘은 어머니가 믿거라 했던
셋째 아들이 장로 임직을 받는 기쁜 날인데
목사님 앞에서 서약을 하고 있는
오빠의 등뒤로 옛날이 주렁주렁 매달려서일까요

대학입시 준비를 한다고 고등학교 기숙사에서 미숫가루로 일주일을 버티고 얼굴이 노랗게 떠서 집에 찾아왔던 일, 어려운 집안 형편을 걱정하여 대학 등록금을 마련하겠다고 사과장사에 볼펜장사를 자처했던 일, 뜻하는 교사의 길로 가기 위해 어려운 고비 고비 마다하지 않았던 일, 엄마가 임종하실 때까지 걱정했던 아버지를 마지막까지 지킨 일.

마음이 고운 사람 만나 아이 둘 사랑으로 키우고 믿음 생활, 교사 생활, 가정 생활 어느 것 하나 소홀하지 않은 반듯한 어머니의 아들을 바라보며 마냥 자랑스럽습니다.

활짝 열린 파란 문으로 가시겠다던
그곳에서도
어머니의 기도는 끝나지 않았는가 봅니다

당신의 아들이
이름이 없어도 빛이 없어도
감사하며 섬기기를 약속합니다
그가 가고자 하는 길에
천사들도 마중하여 찬송합니다.

# 생일선물

엄마 생일선물이라며
세 아이가 손수
용돈 모아 골라 준
6만원짜리 선글라스
좋아라, 마다않고 끼던 날

자외선 뻗대듯
곳곳에 도사리고 있는
사나운 세상살이가
너희를 모두 안고 가야할
굴곡진 긴 터널도
등짝 벗어지게
뜨거운 생의 회초리마저
힘들지 않겠다

아아, 내 살 찢고 온
나의 분신들이

저릿한 눈물강을 만든다.

# 운동화

열흘 넘게
지병으로 누우셨던 어머니는
자리를 터신 듯 일어나셨다

일년을 하루같이
늘상 그날이 그날인 날
아이들 하나에
서너 켤레 되는 운동화를
하루에 하나씩
하얗게 빨아 놓으셨다

문득,
할머니랑 사는 게 괜찮냐는
아이들에게 던진 물음이
가벼운 농담이기를,
새로운 습관이
가시는 걸음에 준비가 아니기를,

사는 일이 운동화에 찌든 오염처럼
기억되지 않기를,

아직은 어머니,
보이는 것보다
보지 못한 세상이 너무 많은
초록으로 휘청대는 6월입니다

제3부

# 얼음새꽃

# 달개비꽃

너를 만나면
잠시 접고자 했던 사랑이
층층이 매달리곤 하지

호젓한 산길
습습한 네 옆에서
엉덩이 눌러 붙이고
한나절 해거름도 잊은 채
도란대고 싶지

그러다 보면
달개비꽃잎 전해주던
따뜻한 손 기억하며
섭섭한 마음도
거짓말처럼
와르르 무너지겠지

# 냉이

우수雨水 넘긴 바람을 따라
추동리에 닿았다
때때로 움츠러든
기억의 오라기들을 끌어 모으는
잠깐의 마실

호락하지 않은 겨울이
뜸들이는 동안
당신을 품은 그리움보다
어쩌면 새 세상을 품을 수 있을까
망설이기도 했었지

얼어붙은 땅에
더 단단히 뿌리내려
봄을 불러들인
냉이 한입 베어 문 날

입 안 가득 하얗게 터지는
당신만의 체취

# 안개 속에 발을 묻고

지금은 새벽, 장수 지나
육십령터널에 이르는 포도鋪道는
덕유산 자락의 맥들이
길을 잃고 내려와
티끌 하나 보이지 않는
지독한 안개가 내립니다

한치 앞도 분간할 수 없는 길,
전조등 헤드라이트 상향등을 보태도
길은 열리지 않습니다

우리 살아내는 일에
속달이곤 했던 날들
이대로 안개 속으로 묻히면
아득히 술렁대던 사랑
잠잠해질까요

가까스로 빠져나온
오리무중五里霧中의 길
보고픔이 뒤척입니다

# 얼음새꽃

달력 두 장을 막 뜯어낸 삼월 초입에
그대와 눈맞춤을 했습니다

혹한 시베리아 벌판
눈바람 끝에
혼자 세워 두고
견디라 했습니다

살고자 발딱거리는
숫구멍으로
폭설이 내려앉을 때마다
한 해를 돌아
그대 곁에 돌아올 자신이 없었습니다

지금 다시
모든 흘러가는 것에 맡긴다는 건
그대와 내가 처음처럼

입술과 입술을 맞대고
감출 수 없는
서로의 오장육부五臟六腑를 드러내는 일입니다

* 얼음새꽃 : 복수초, 눈새기꽃, 설연이라고도 부르며 2월~4월 추위를 견뎌내고 개화하는 꽃이름

# 서암정사 가는 길

채곡채곡 시간을 건너
서암정사 가는 길

대보름을 걸머쥔 하늘엔
겨울의 막바지 햇살이
걸어보지 않은 새로운 길
설렘을 부추긴다

자비로 들어간다는
대방광문 들어서며
천년을 지금처럼 흘러
연둣빛으로 새긴 석굴 옆 이끼바위

비록 말은 잊었지만
따뜻한 남쪽으로 손잡아준
소통의 길에
당신이 있었지

# 욕심꾸러기

목구멍 뜨겁게 타오르던 말 참아내며
너에게 가려는 길이
지친 마음에 쉼표 하나 찍고 싶었던 일이
욕심이었을까

허락 없이 품은 마음 한 덩이
불씨가 되어
새까만 숯으로 타고 또 타도
생에 단 한번
환한 불빛이었던 사람

너에게 부려놓은 마음 한끝자락
울음 꽉 찬 울음보 만들어 놓고
생채기 난 얼룩 닦아주며
울지 마라, 울지 마라
마른 등을 토닥인다

## 염불소리

염두해 둔 것은 아닌데 고속버스에 몸을 실어 떠나온 곳이 당신 숨소리가 들릴 듯 지척에 발을 내딛습니다. 모든 것 잊고 오르기만 하자 시작한 길, 모악산 숨찬 바위 틈틈마다 아파트 좁좁한 베란다 우두커니 앉아 보이는 세상이 전부인 당신의 얼굴이 박혀 가까스로 다독이던 마음 바람으로 일렁입니다. 잊은 듯 살지만 가끔씩 전화선을 빌어 당신의 목소리를 확인할 수 있다면 봄마다 벚꽃잔치가 있다는 모악산 자락으로 마른손 꼬옥 잡고 진달래 화전 입에 넣어드리며 환한 미소 보겠습니다. 소소한 핑계로 음성 하나 남기지 못하고 오늘은 이만 돌아갑니다.

수왕사 염불소리, 마음뿐인 등을 죽비로 내리칩니다.

마하반야바라밀다심경 마하반야바라밀다심경*

* 큰 슬기로 참 즐거운 경지에 이르는 마음 글—모든 것은 마음에서 난다(一切唯心造)

## 비올라

히히득, 막 여름이 오려는 참의 한나절이었던가요
당신과 내가 나란히 바라보던 것이
'비올라'였지요
보랏빛 나비 노랑나비 꽁지를 맞대고
한데 붙어
그 밝은 대낮,
부끄러운 줄 모르고
뜨거운 몸을 섞었는가 봐요
시도 때도 없이
보듬고 싶은 게 사랑인가 봐요
내게서 노여움의 싹을 자르며
날아가지 마라, 날아가지 마라
꼭 붙들고 싶은
비올라* 한쌍.

* 팬지꽃과로 보라, 노랑, 하얀 꽃잎이 한데 어울려 5월부터 7~8월까지 여러 번 피었다 지는 나비모양의 꽃.

## 소주에 대하여

샤워 꼭지를 틀고
살갗에 먼지를 내린다
주정이 부려놓은
보잘것없는 어깃장
주워 담으며
바디샴푸 거품처럼 부풀어오른
욕망을 내린다

맑은 소주 한 잔 들이키며
그 길의 뒤를 따라
속수무책 자라 곪아질
염증을 씻는다

남은 생에
울며 웃으며 살아질
애간장에 눈을 맞춘다

# 시치미

모른 척
한곳으로 밀쳐둔
꽉찬 그리움 참지 못하고
불현듯, 당신에게 달려갈지도 모르겠어요

함께 떠난다는 것이
마음으로 통하는 길을 내주었던
발끝에 채이던 풀잎 하나
그 날의 일기日氣조차도
함께이고 싶은 끄나풀이 되었던가요

밀리고 밀린
충만했던 포말의 가장자리
우둔한 사랑의 터럭들이
시치미 떼고 돌아앉았습니다

# 일월은

어김없이 일월은
상흔傷痕의 흔적들을
움켜쥔 채 들어왔다

오라 하지 않아도
제 발길 대로
사람들 속을 붐비며
인연이라 묶어놓았던
실타래들이 이어졌다 끊어지고
매듭지어졌다 풀어지는
견딜 수 없는 슬픔이라 여겼던
시간들이 흘러들어
옹아리를 한다

다시는 인연의 굴레 속
헤매 돌지 않기를
당신 아니면 안 되는

부적처럼 들러붙은
연연戀戀한 아픈 것들이
정점을 찍는다

## 수분受粉

사천공항을 지나 삼천포로 가는 길
암벽으로 켜켜이 둘러싼 와룡산 중턱
재선충 방제복 입은 소나무
구멍의 더께 쓰고
몸살 앓고 있었지요

남녘에 엉겨붙은 에이즈 구설에도
나이테 사이사이 옹골찬
하얀 속살 만들어
끄덕없겠지요

서러운 인연의 몸살이 다녀간 후
당신과 내가
더 단단히 손을 잡듯

오월이면 기어이 암꽃과 수꽃이 만나
송홧가루 날리며 수분을 하겠지요

틈실한 솔방울도 열리겠지요

## 꽃비 내리고

자지러질 듯 터진 벚꽃 길을 걷는다
밤새 누구의 손길이 드나들었길래
마른 촉수마다
일제히 벙글었을까

어김없이
봄은 오고가고
꽃은 피었다 지고
까맣게 잊었을 사랑이
뒤를 밟는 소리
돌아보면 아무도 없는 봄날 오후

기억할까,
콧잔등에 쏟아진 꽃비에 젖어
눈물을 보태던 사람,
한바탕
소통의 막힘에서 흔들렸던 우리,

기억하렴.

언제고 혼자가 아닌

함께 걷고 싶은 이 길을.

## 오늘처럼

어렵사리 떠나온 여로에 비가 내립니다
뜨거운 여름비가
가늘은 잎맥마다 찾아들어
피돌이를 하고 있습니다
당신이 금오산 도선굴에 들어
백팔 배에 드는 동안
내내 만지고 있었던
아기살처럼 보드라운 푸른 이끼
폭염 속에서도 끝내 살아남은 질경이
목숨의 마지막 꽃등을 밀어올린 달개비
물보라 폭죽으로 환영하는 명금폭포
너덜샘 탯줄 잇는 낙동강까지
하나도 놓칠 수 없는 풍경 속에
내가 있고
거기에 당신이 있었습니다
온몸이 흠씬 젖도록
108번의 무릎 꿇음이

오늘 같기만을 기도했다는 말,
돌아오는 길 내내
덫이 되지 않기를 소원했습니다

## 너에게

무른 머위 줄기에
칼질을 하다가
왼쪽 엄지손톱과 살점이 베어져 나갔다
또옥똑 떨어지는 핏물을 움켜쥔 채
마데카솔 파우더를 뿌리고
거어즈로 감싸고
반창고로 돌돌 말았다

아프지 않은 척 했지만
핏물은 거어즈에 자꾸만 배어들고
배어드는 핏물보다
손끝에서 명치까지
전해오는 통증이 머리까지 욱신거렸다

순식간
다른 생각을 했던 거지
십년지기 세월이 아무것도 아닌 듯

기억이 바스러진 자리에
꽃이 피었다
꽃물이 들었다

# 권태기

한때는
오뚝한 콧날과
오매불망 콩깍지 씌게 했던
따뜻한 눈빛
넙적한 발과
굵은 손가락까지
그와 꼭 닮은
아이 하나 갖고 싶었다

눈 한번 질끈 감을 때마다
아이는 하나씩 늘어났는데
이제 털끝하나 닿는 것도 귀찮다

결국은
하나 둘 우리 곁을 떠나면
덩그러니 둘만 남아야 할텐데
어쩌나

쩌르르 했던
심장 하나
데불고 와야겠다

제4부

# 쉬운 외출

# 곡우穀雨

스무여드레 만에 내린 봄비
동티난 봄, 적시기엔
아버지의 땅은
목마르다

## 하루 그리고 내일

햇살을 본 것이 언제쯤이었더라
정오에 시장끼 가득한 위장를 달고
식당으로 직행하던 걸음 말고
시간에 쫓겨 휘청거리던 걸음 말고
눈부셔 한 눈을 지그시 감고
새털구름 한 자락 눈 안에 넣었던
풍요로운 일상이
언제쯤이었더라
어쩌면 이것마저 허영인지 몰라

'어젯밤 전남 고흥에서 6개월분 전기요금 15만7천원을 수납하지 못해 전기공급이 끊기고 촛불로 어둠을 밝히다 목숨을 다한 할머니와 손자'

질식의 고통을 동반한
생의 무거운 더께는 끝났을까

머리 위를 맴돌던 가을햇살은

차갑고

또 차갑고

# 토정비결

시내 한복판을 싸돌다 저녁밥 시간이 한참 지난 8시 23분 쓰린 위장 달래줄 밥집을 찾다가 알록달록 깨알 같은 전구로 신년정통운세 적중이란 타로점집 간판에 시선이 꽂혔다.

이렇게 많은 사람들 중에
이 저녁 함께할 사람이 없다는 것은
나한테 밥냄새 나는 사람이 아니었든지
지겹게 멀리하고 싶은 사람이었든지
나에게조차
한번도 눈맞춤 한 적 없는
그랬던 거다
내 중년운세가 탄탄대로라니
탄탄대로에 지폐 한 장을 꽂고
헛헛한 웃음을 흘리며
타로점집을 나섰다

인생의 햇살 한 줌

춥지 않은 은신처를 찾고 있던 중이었다

# 하루살이

이른 아침 오피스텔 주차장
자동차 헤드라이트 범퍼에 덕지덕지 들러붙은
하루살이 떼죽음을 보았다.
어제 밤새
어둠으로부터 라이트 불빛 꼬득임에 취하여
밤새 풍장風葬하듯
끄달려 다녔을 목숨들의 최후

어디, 쉽게 빠져드는 게
하루살이 뿐일까.

# 저녁밥

혼자 먹는 밥상이 지긋지긋해
조붓한 방
하루씩 사방의 벽 바꾸어 돌며
밥상을 마주하는 저녁

꾸역꾸역 맨밥 퍼 넣으며
헤어브러쉬에 돌돌 말려 엉킨 머리카락에 대해
사람 드나든 적 없는 바닥, 쌓인 먼지에 대해
눈길 주지 않기로 했다

전화기에 수신 거부한 번호에 대해
돌아오지 않는 발길에 대해
미련두지 않기로 한 저녁

함부로 심장에 들어
애간장을 꽂은 검은 숯들
쳐다보기도 싫은 친구의 저녁 만찬

# 실종

예슬*이를 처음 만난 건
세상일에 관심 없는 탓으로
무심코 켠 티브이
범인을 추적하는
'형사'라는 프로그램이었지

옴팡진 동네에 사는
우리 아이들에게
무섬증이 생길까
시청 금지된 프로그램
얼결에 켜놓고
실종된 지 한 달이 넘도록
소식 없는 아홉살
어깨를 넘긴 생머리의 예슬이를 보았지

그렇게 까마득 잊었는데
마지막 목격한 곳

멀지 않은 야산에서
사체로 발견 되었다지

어린 꽃잎이 떨어지고
매화꽃 흐드러지게 떨어지고

* 경기도 안양에서 유괴사건으로 목숨을 잃은 아이.

# 밥 먹자

혼자가 된 후, 전화불통이던 친구에게서 연락이 왔다
사랑하는 사람을 놓은 채
뜻 모를 혼돈으로
어떤 고독감과 배신감은 비교되지 않을 만큼의
시간을 건너왔을 그녀
어느 구석에서
마른 밥으로 상실을 견뎌왔을 그녀에게
달리 위로의 말을 건네지 못했다
바뀐 전화번호가 어떻게 되느냐?
어디에 거취는 마련했느냐?
연락두절의 공간으로
수없이 던진 질문은 꽁지를 내리고
매일같이 반복되던 단순한 일과처럼
"밥 먹자"
그냥 따듯한 밥 한 끼
먹고 나면,
다 좋아질 거라고 믿고 싶었다

# 한번은

씨발놈*을 시원하게 외쳐준 J시인,
고맙습니다

시 쓴답시고
우리말사전만
보풀 나게 들쑤시던 날
정곡正鵠을 찌를 말 하나 찾지 못한 오후

밤이슬 내리는 거리에서
돌아갈 곳 없는
긴 노숙의 밤
한번은
빌어먹을 세상에
삿대질 하고 싶었습니다

*J시인의 시 '그 씨발놈이'에서

# 사망신고

마루 구석
꿀 담은 접시에
개미들이 온몸을 적셨다

단맛 그득한 꿀통에서
꿈쩍 못하고
젖은 그것들은
이제 먹이를 찾아
헤매지 않아도 되겠지

어디에 터를 잡을까
누구와 함께 할까
염려하지 않아도 되는
행복한 긴 잠에 들었다

긴 연휴의 끝
소파에 등짝을 바짝 붙인

먹먹한 시선이
하필 거기에 꽂혔을까

# 길 떠나기

메타세콰이어 내어준
바람 따라
장홍 가는 길

가을은 어디쯤 왔을까
움켜쥐고 있던 먹구름 한줌
허용치 않은 날

꼭 한번은
보고 싶었던
환희대에 열릴 다도해는
바닷가 안무에 온몸을 적신 채
그리움 포갤수록
더없이 두터워져
동동거린 발걸음을 묶는다

한반도 남쪽으로 자리를 낸

정남진엔 어느새
천년학이 날아와 앉았다

# 쉬운 외출

미닫이문을 열어젖히고 나오면 되는 거였다

구들장 그을음에 휘휘 말아
묶어두었던 발목
차표 한장에 등을 기댄 날
덕숭산 남쪽자락으로 길을 내었지
송춘희가 부르던
수덕사의 여승이라도 만날 수 있을까

견성암 선방 안에서
무릎보다 어깨를 낮추고
도량에 드는 일이
보이는 게 모든 게 아닌
떠남이 모든 구속으로부터의
자유가 아닌

수덕사 누각 끝에 빗방울

동글게 모아졌다 떨어지고
또 떨어지고
공연히 눈물이나 만들지 말자

비 젖은 수덕사는
지금 수행중이다.

# 서동공원의 봄

남쪽바다를 건너온 4월의 바람은
어느새 봄빛을 몰고 와
부르튼 나무에 물길을 내고
자전거 타는 아이들의 얼굴에
닿았다

몇 해를 넘기고도 부족한
자꾸만 떠오르는 얼굴은
차라리 형벌이다
국경을 뛰어넘은
선화와 서동의 애틋함이
이러했을까

마음도 자연 같아서
추우면 얼음 얼고
따스하면 눈 녹듯 상처 하나쯤
사그러들면 좋을 것을

더 늦기 전에
나는 어느 바다를 건너
서늘한 당신의 이마에
연분홍 꽃비를 뿌릴까

## 정숙이

열두 살 딸을 불 속에 먼저 보낸 정숙이 엄마는 무당을 불러들여 푸닥거리를 했다. 어린 우리는 고작 그 애가 쓰던 책상 위에 뒷산에서 꺾어온 들국화 몇 송이 놓고 보내야만 했다. 무녀의 은빛 퍼런 칼날 끝에도 치렁대는 오색 끈자락에도, 상위에 퍼질러진 쌀톨에도, 피지 못한 자식을 가슴에 묻은 정숙이 엄마의 빌고 비는 손끝에도, 둘레둘레 모여든 동네사람들 어깨 사이사이에도, 정숙이의 그림자가 보였다 사라지곤 했다.

열두 살 가을은 정숙이의 그림자가 따라다녔다.
형상 없이도 그림자가 있다는 것을 처음 알았다.

# 고장난 부속

뚝 떼내어 버릴까
종일을 괴롭히고도 모자라
잠자리까지 슬그머니 끼어든 통증
한번도 훨훨 날아본 적 없는데
오래 묵은 상실을 불러온
고장난 어깻죽지
다시 비상을 꿈꾼다는 건
여엉, 글렀는지도 몰라
근육주사도 통증마취도
턱없이 소용없는 걸 보면

멀쩡하던 부속들이
덜그럭 덜그럭
하나 둘 부식되어 가는
길마중을 나선 저녁입니다

## 섬섬閃閃의 섬島

— 홍도를 다녀오며

아름다움은 영원한 것이 없다고 믿은 적이 있다
참으로 오랜 시간 옹이 속에 생각을 집어넣고
무심히 살았던 건 아닐까

육지에서 115km 뱃길을 달려
신안군 홍도2구에 발길을 묶습니다
붉은 노을을 품은 홍도는
다도해 한쪽에 가부좌를 틀고
지친 영혼 바람에 널며
세파에 시달려도 살아야 할
거친 삶, 몽돌처럼 부드럽게 만지고 있었습니다

사람의 인연이 천년, 억년을 묵은들
이처럼 눈부실 수 있겠는지요
잠시, 바쁜 일상 접어두고 안식하라 합니다
슬그머니 귀대면
어머니의 젖 냄새 살아날 듯

거기,

섬섬閃閃의 쉼이 팔랑댑니다.

| 작품해설 |

# 심미적 감성과 초월적 기법

– 이영옥 시집 『길눈』에 대하여

조남익 시인

## 1 조숙한 재능의 출발

이영옥(李英玉) 시인은 조숙한 재능으로부터 출발한다. 한밭전국백일장에서 학생부 장원(1985), 또한 일반부 장원(1990)을 차례로 거친다. 그리곤 계간 《해동문학》 창간호(1993)에서 「사물놀이」 외 7편의 작품으로 문단에 오른다. 이때 그의 나이가 25세였다.

그는 지금까지 『날마다 날고 싶다』(1998), 『아직도 부르고 싶은 이름』(2002), 『당신의 등이 보인다』(2003), 『가끔 불법주차를 하고 싶다』(2007) 등 4권의 시집을 오늘의문학사에서 펴낸다.

내가 이해하기로는 이영옥은 매우 총명한 바탕의 소유자이다. 그는 편집장으로서 대외 창구 역할도 맡고 있지만, 그와의 통화는 항상 아주 편하고 정확한 소통을 느끼게 한다. 그만큼 그는 귀가 밝고 보고 듣는 것에 대한 기억력이 좋은 편이다.

모든 예술은 삶의 인식으로부터 시작된다고 할 수 있다. 이영옥의 경우는 한 여성으로서 또는 한 주부로서의 삶으로부터 오는 인식이다. 그에게 시쓰기는 평범과 비범의 치열한 갈등이라고 해도 과언이 아닐 것이다. 삶의 인식이란 본래가 인간의 욕망으로부터 시작되기 때문이다.

이영옥의 평인지기(平人之氣)는 이른바 보통 사람들의 속세에 살면서 그것을 뛰어넘으려는 화평지인(和平之人)에서 영혼의 마당을 만나게 된다. 이러지 않고서는 시쓰기의 심미적인 진아(眞我)를 만날 수가 없다. 어떤이는 이를 사람이나 물체로부터의 발기체, 곧 아우라(aura)를 만나야 하는 것으로 설명하기도 한다.

심미성과 윤리성은 미(美)와 선(善)으로서 서로 다른 가치이지만, 더 좋은 것에 대한 밀접한 지향을 공유한다. 또한 우주도, 자연도, 모든 존재가 제 모습인 실상을 회복할 때 가장 아름답게 빛난다. 인간과 인간정신도 예

외가 아닌 것이다.

이영옥의 첫시집은 구김살 없는 인간정신의 발양을 일깨우며 우리에게 다가온다.

날마다 자라나는 사랑으로
그,
얽매임조차
희망이고 싶다.

품었던 꿈을
모두 껴안고도
가슴은 늘
새장 속의 산새가 된다.

채워도
채워도
모자라는 사랑
스스로 깨닫는 날,

헐벗은 욕망에서
몸을 일으켜
뜨거운 가슴으로
날마다 날고 싶다.

—「날마다 날고 싶다」 전문

첫시집의 제호가 된 시이기도 하고, 청순한 나이의 정신이 한껏 고조된 작품이다. 군더더기가 전혀 없는 구성에서 이영옥의 시인적 재능을 엿볼 수 있을 것이다.

현대시에 나타난 '새'의 이미지는 여러 가지로 나타나고 있는데, 이 시의 '새장 속의 산새'는 잠재의식의 파편으로 이해할 수 있을 것이다. 고난을 극복하고 비상하고픈 의지의 고양을 볼 수 있다.

훌륭한 시인이란 인식의 귀한 품격과 뛰어난 표현력에 다름 아닐 것이다. 통속에 함몰되거나 손상을 입게 된다면 심미적 감성에서는 자연 멀어지게 될 것이다. 감동의 아늑한 차이도 여기 있을 것이다.

이영옥의 시맥은 철저하게 그 자신이다. 부모와 형제들, 그리고 남편과 아이들 등 가족 또는 '당신'의 소재가 많고, 자신에 대한 내공이 또한 적지 않은 편이다. 그러나 지나치게 사적인 것은 공감대의 폭을 확립하려고 할 때, 상당히 제한되고 경계해야 할 부분이 있을 것이다.

이영옥의 시는 간결한 표현 속의 객관적 정감을 성립시킨다. 어느 것이나 짙은 대상을 걸러내는 감정의 절제가 있다. 제2시집 『아직도 부르고 싶은 이름』의 '자서'를 보면 "적어도/ 내가 흔들릴 때/ 기댈 수 있는 받침이 되고/ 소리가 되어준 자음과 모음/ 고맙다. 그리고/ 미안

하다"고 시에 대한 각별한 뜻을 표현한다.

이영옥에게 시는 하나의 의지이자 또한 자신의 내면과 만나는 영활(靈活)의 원천이다. 때로는 절망하고 때로는 충만감을 체험하면서 이영옥은 시적 성취에 뿌리를 내린다. 이 시대 한 평인의 닭울음 소리가 새벽을 알리고 있었다.

### 2 형이상시(形而上詩)의 초월적 전율

제4시집 이후 6년만에 나온 이영옥의 제5시집 『길눈』에는 55편의 신작시가 수록되어 있다. 그의 시는 제4시집 『가끔 불법주차를 하고 싶다』에서부터 무게감이 더해지고, 시의 성숙을 느끼게 한다. 시의 진경이 그에 있음이다.

철학이나 과학과 마찬가지로 예술 또한 세계인식의 한 방식이다. 이영옥은 그의 연륜과 더불어 차츰 세계인식의 벽을 두드리며, 사유의 미로를 찾아나선다. 그에게는 항상 시라는 언어가 있었다. 그의 언어는 초월적 전율의 기법을 터득하며 창조의 실마리를 잡기 시작한다. 문학에는 어떤 깊은 곳에 닿으려 하거나 꿰뚫고 들어가려는 맥박이 있다. 초월은 주어진 삶의 부분성이나 범속성을 전체적이고 고양된 이념으로 극복되는 경우이다.

제4시집에서 먼저 2편의 작품을 보기로 한다.

[A] 태풍 나비가 급상한다는
저녁 하늘 속에는
하늘과 하늘을 갈라놓은
절정에 다다르지 못한 노을과
접지 못한
당신의 얼굴이 걸려있다
힘들어
더는 같이 가지 못하겠다고
잡은 손 놓으려니
그 손 잡기보다 힘들었다

끝내
회복하지 못할 처음과
눈먼 태풍의 바람
—「나비야 나비야」 전문

[B] 겨우내, 살아가는 일
자신 없음이
내 안을 들락거리더니
고개를 흔들며
아니라고
아니라고 해도
이곳에서 함께 했을

신혼과
아이들의 자람과
아버지의 고된 삶을 도배한
시간들이 달라붙어
탕이 나 있었다

가끔씩 무딘 가슴 언저리에
아프게 찍힌 발자국들이
그곳에 박혀
온통
곰팡이 꽃으로 피었다
—「벽」 전문

[A]가 태풍 '나비'의 급상과 이에 방황하는 시적 화자의 '눈 먼 태풍의 바람'으로 주지적 결합을 보인 것이라면 [B]는 삶에 대한 회의가 감각적으로 표현된다. [B]에서 '탕이 나 있었다'의 '탕'은 새롭게 쓴 시어이기도 하다. 장마 때 눅눅한 물체에 생기는 검푸른 곰팡이를 가리키는 방언이다. 한자어로는 매기(霉氣)가 된다.

오늘날에도 서정시는 줄곧 압도적인 위치에 있지만, 오래된 담수호(淡水湖)로 남아 있고, 대부분 전통시들이 옛 서정시의 문법에 의존하고 있는 것에 대한 논란은 적은 것이 아니다. 우선적으로 복고적이며 퇴영적인 답습이라는 인상을 지우기 어려운 것이다.

우리 주변의 박용래 시인만 하더라도 그가 “서정시의 원점에서 조금도 비껴서지 않고 일관되게 자신의 시세계를 전진시켜 나갔던 시인임을 부인할 길이 없다”(최동호 「平定의 詩學을 위하여」 1991)는 데서 찾는다.

그런가 하면 전통 서정시에 대해 “시대가 비속할수록 더욱 단단해지고 엄격해지려는 이들의 태도는 옹색한 구도자의 자세에 비유할 수 있을 것이다. 이들의 지독한 수세적(守勢的) 태도가 마침내 스스로의 발목마저 잡는 결과를 초래하지 않을까 우려된다”(이경수 「불온한 상상의 축제」 2004)는 논리도 보게 된다.

문학은 세계인식에 대한 새로운 해석을 끊임없이 해오는 데서 그 존재 이유를 찾는다. 그럼에도 불구하고 사진사의 자연 복사처럼 여전히 자연을 그리고 노래한다면 이 시대에 가장 뒤떨어진 시인으로 치부되기도 한다.

이영옥이 비교적 투명하고 감각적인 서정시에서 변화를 거듭하고 있는 것은 그의 총명과도 관계가 있을 것이다. 가령 위의 Ⓐ Ⓑ의 시를 보면, 결구에 가서 폭력적 결합으로써 기사회생시키는 기법을 응용한다.

“끝내/ 회복하지 못할 처음과/ 눈 먼 태풍의 바람”이나, “아프게 찍힌 발자국들이/ 그곳에 박혀/ 온통/ 곰팡이 꽃으로 피었다"는 표현은, 지적인 참신성을 보인다. 이는 앞의 진술 내용과의 어떤 유사성보다는 이질적이며 상반된 양극과의 결합을 빚은 데서 온 결과인 것이다.

영원한 자유의 길에 들고자
가는 길이 있어
여름내 파랗던 목숨들은
지나는 발자국 소리로 긴 잠을 재우고
산죽 몇 잎 들고 일어나
잠들지 않은 청청한 손을 내밀었지

하필, 콧등 시린 이 추운 날
문득 올려다본 해인사의 하늘에
참나무 가지 끝,
누가 탯줄을 놓았을까

출가의 길에 든 행자처럼
해인사 독경소리에 번뇌를 묻고
아스라이 매달린 겨우살이

지루하리만큼 황폐한 세상을 향해
꺼질 듯 꺼지지 않는 촉수를 세워
부처님의 진신眞身사리가
참나무 가지 끝에 똬리를 틀었을까

불경도 아닌 것이
성경도 아닌 것이
단지, 외줄로 연명한 목숨 하나가
일주문에 들고 있다
–「외줄타기」 전문

시집 『길눈』에는 특유의 대화체의 표현에다가 형식의 세련된 정돈 등 주목되는 작품들이 적지 않다. 특히 무엇보다도 문단의 일각에서 논의되고 있는 형이상시(形而上詩)의 기법 사례를 들 수 있을 것이다.

몇 년 전에 출범한 한국형이상시회는 문예지 《형이상시학》을 발간하면서 최규철 문덕수 박진환 신규호 홍문표 등에 의하여 주도된다. 형이상시학을 제3유형의 시로 제시한 것은 오늘날 서정시에 대한 불신과 혼란에 대한 하나의 자구책이라 할 수 있다.

서구에서는 이미 T.S엘리옷이 단테로부터 역사적 맥을 찾으며, “시는 사상을 장미의 향기처럼 직접 느끼게 하는 것”이란 유명한 말을 남겼다. 30년대 미국의 비평가인 J.C 랜섬도 사물시와 관념시를 비판하며, 바람직한 시로서 형이상시를 제시한 바 있다.

우리나라에서도 그동안 이론체계는 없었지만 형이상시는 얼마든지 찾을 수 있다. 김현승의 「절대신앙」「절대고독」「마음의 집」, 문덕수의 「꽃과 언어」, 박진환의 「가을 이미지」, 김춘수의 「모자를 쓰고」, 김종삼의 「나의 본적」, 박남수의 「아침 이미지」「손」, 최규철의 「연륜은 쌓아간다」, 허영자의 「얼음과 불꽃」 등을 들고 있다.

"형이상시인들은 이런 통합적 감수성을 통해서 서로 다른 외연과 내포를 결합시키고, 또한 유사성이 없는 엉뚱한 사물이나 개념들을 재치있고, 교묘하게 결합하여 뜻밖의 새로운 유사성을 발견하는 컨시트, 패러독스, 아이러니의 상반된 양면성을 아우르게 하여 새로운 진리를 찾는 능력을 가진다"(최규철 『21세기 형이상시학과 시론』 2013)고 한다.

그리고 지금까지의 전통시가 나무 줄기와 가지가 있는 것처럼 중심이 강한 수직형 시스템이었다면, 형이상시는 다지털시대의 파편화한 리좀형 시스템이라 했다. 고구마와 감자 등의 알뿌리와 같이 중심이 없고 논리적 질서가 약화된 수평형을 취한다고 했다.

이영옥의 「외줄타기」는 제목부터가 고행자의 행적과 의식이 연쇄적 수평형 진술을 보인다. 고독한 고행자의 혼의 이미지가 해인사 일주문에 들어서기까지의 과정이나 배열이 그동안 많이 익숙해진 전통적 서정시의 수직형 시스템이 아니다. 그것은 중심이나 논리적 질서가 이

완된 수평형 리좀형이라고 할 수 있다.

앞에서 예시했던 작품 「날마다 날고 싶다」는 중심이 강한 수직형이었다. 이 작품과 비교해 보면 양자의 차이를 금방 알 수 있을 것이다.

그뿐 아니라 「외줄타기」의 구성과 표현은 매우 당돌한 맥의 연속이기도 하다. "지나는 발자국 소리로 긴 잠을 재우고"(1연) "참나무 가지 끝/ 누가 탯줄을 놓았을까"(2연), "아스라이 매달린 겨우살이"(3연), "부처님의 진신 사리가/ 참나무 가지 끝에 똬리를 틀었을까"(4연), "단지, 외줄로 연명한 목숨 하나가/ 일주문에 들고 있다"(종연) 등을 살펴보면, 황당하기까지 한 폭력적 결합인 것이다.

그러나 복합적이고도 신선한 현대 서정시 전율을 접하게 된다. 초월적 전율은 예술적 상상력의 의미와 효과, 그리고 심미적 감성의 우월성에서 오는 감동인 것이다.

시의 모호성은 강조할 일은 아니지만, 명석성보다 오히려 훨씬 힘이 될 수 있다. 이는 시인이 추구하는 창조와 자유의 정신 때문이다.

### 3 정체성의 심화와 한글세대

이영옥의 시인적 능력은 그의 직관의 힘이 컸을 것이다. 특히 그는 편집장으로서 많은 남의 글을 읽으며 매만져야 하는 현장의 터득은 더욱 컸을 것이다.

과거의 서정시 패러다움을 보완하거나 새로운 것을 창조하기 위한 맹아(萌我)는 시인의 직관적 상상력, 바로 창조적 정신에서 싹이 튼다. 작가란 다르게 태어나는 것이 아니라 다르게 생각하는 사람으로 정의되는 것도 여기에 있다.

앞에서 말한 이영옥의 초월적 전율은 그의 작품을 일신시키며 신서정시를 부상시킨다. 그의 시집을 보면 시의 형식미도 훨씬 세련되어 있다. 시어가 때로는 박진감을 일으키고 폭력적 결합으로써 신선한 느낌을 유발한다. 구체적으로 몇 가지 사례를 보이면 다음과 같다.

A 가볍게 가볍게
제 무게를 내리고
건너야 만나는 열반의 강
— 「꽃누르미」 (종연)

B 스스로를 옥죄어 오던
바닥을 딛고 일어서는

소멸하지 않는 신화의 간이역

— 「입춘 무렵」 (제3연)

C 촘촘한 그물망에 갇혀
은빛으로 서러운
하노이 늙은 아버지의 비늘눈

— 「비늘눈」 (종연)

D 보이는 것보다
보지 못한 세상이 너무 많은
초록으로 휘청대는 6월입니다.

— 「운동화」 (종연)

A의 「꽃누르미」는 꽃의 수분을 제거하여 만든 꽃예술품인데, 그것이 충격적인 '열반의 강'으로 결합되었고, B의 「입춘무렵」에서는 새봄을 맞는 땅속 새싹들의 세계가 '신화의 간이역'으로 주지적 표현을 보인다.

C의 「비늘눈」은 "이국에 머문 아버지에게선/ 멸치 비린내가 났다"로 시작되는 시의 마지막 결구이다. '촘촘한 그물망' '하노이 늙은 아버지의 비늘눈' 등 충격적 결합의 신선한 느낌을 주는 작품이다.

D의 「운동화」는 지병으로 누우셨던 어머니가 일어나 아이들의 운동화를 하얗게 빨아 놓으셨다는 소재를 다

룬 작품이다. 그런데 '운동화에 찌든 오염'이니 '보지 못한 세상이 너무 많은/ 초록으로 휘청대는 6월입니다'의 대조법의 수사학과 그 발상은 상반된 개념의 결합에서 시의 전율을 일으킨다고 하겠다.

우리의 전통시는 알게 모르게 시의 문법이 형성되어 온다. 김소월 이육사 서정주 박재삼 등 그동안 우리에게 익숙한 시에는 일정한 시어의 선택범위라든가 구성 등에 어떤 틀이 있었다. 시간적 또는 공간적인 순서에 의한 원근법이라든가 시어의 배치, 언어 구성 등에도 보이지 않는 규율이 있었다.

이런 시의 문법을 혁명적으로 박탈할 수는 없겠지만, 그렇다고 그것을 답습하는 데만 골몰할 수가 없다. 좋은 시는 또한 좋은 형식을 요구하며, 너무 정체된 서정시는 그 표현방식에서부터 생명력을 잃게 되기 때문이다.

시조에서도 '틀을 내파(內波)시키는 아름다움'을 강조한다.

이영옥 시인은 한글세대의 시인이다. 그만큼 그의 시에는 한자어가 많이 구어체로 변하고 있다. 시는 지식보다는 예지요, 예지보다는 인간적 사색과 그 승화에서 정체성이 자리를 잡는다.

이영옥은 여성 특유의 미적 감각을 형상화하고 있는 것

으로 자족하지 않는다. 그의 시를 보면 시의 구성이나 원근법의 적용에서도 매우 유연한 느낌으로 다가서는 것을 볼 수 있다. 이른바 신세대들의 세계라고 할 수 있다.

자지러질 듯 터진 벚꽃 길을 걷는다
밤새 누구의 손길이 드나들었길래
마른 촉수마다
일제히 벙글었을까

어김없이
봄은 오고가고
꽃은 피었다 지고
까맣게 잊었을 사랑이
뒤를 밟는 소리
돌아보면 아무도 없는 봄날 오후

기억할까,
콧잔등에 쏟아진 꽃비에 젖어
눈물을 보태던 사람,
한바탕
소통의 막힘에서 흔들렸던 우리,

기억하렴.
언제고 혼자가 아닌
함께 걷고 싶은 이 길을.

—「꽃비 내리고」 전문

이 「꽃비 내리고」는 재래 서정시의 스타일과는 많이 다른 품격이다. 만개한 벚꽃 길이 배경이지만 벚꽃에 대한 사실적 묘사는 사실상 생략되어 있다. 첫 행 "자지러질 듯 터진 벚꽃 길을 걷는다"로 도입부를 잡고 나머지 2연~4연이 모두 이 첫행으로 귀납되게 한 구성인 것이다. 그리고 흥분이나 감탄적 표현보다는 "뒤를 밟는 소리/ 돌아보면 아무도 없는 봄날 오후"(2연)로 뜻밖의 적막에 이른다. 이영옥의 대부분 시가 이런 스타일로 되어 있음은 한글세대인 신세대의 새 스타일일 수도 있을 것이다.

지금 우리는 공동체가 소멸한 시대, 여러 신들의 싸움터에서 사는 것이라고 지적된다. 민주주의가 발전할수록 개인주의의 창궐이라는 역풍의 신들의 싸움터인 것이다.

시의 심미적 감성은 이 시대의 한 피뢰침이기도 하고, 신들의 노여움을 해독시키는 청량제일 수도 있으리라. 시의 원리이자 능력인 것이 심미적 감성이다. 이영옥의 신세대 스타일의 감성은 문화적 사회적 경험의 총화에서 온 것이고 그것이 소중하게 읽혀야 하는 이유도 여기 있을 것이다.

이영옥의 시에는 많은 생명감이 넘치고 있다. 부정과 비관보다는 긍정적인 인생관과 희망을 노래하고자 한다.

홍도를 다녀와서 쓴 시에는 '섬섬(閃閃)의 섬'으로 섬광을 노래한다.

불과 4행시인 「곡우(穀雨)」에서는 "스무여드레 만에 내린 봄비/ 동티난 봄, 적시기엔/ 아버지의 땅은/ 목마르다"라고 대지적 갈증을 보인다. '곡우'는 청명과 입하의 사이로 4월 20일 경이니 그야말로 만물이 소리치며 일어나는 시기라고 하겠다. 우리는 이영옥의 시에서 이 시대의 시대정신이 스며들고 있음을 느낄 수 있다.

일찍이 독일의 릴케는 "일생에 10편의 좋은 시를 쓰기 어렵다"고 했다. 아무리 시를 많이 쓰고 시집을 냈어도 결국에 가서는 대표작인 명시만 남기 때문이다.

앞에서 소개한 바 있었던 최동호 교수는 "광적인 혼돈 속에 피상적 상투적 소모적 일회적 시의 배설에만 급급한다면, 우리는 이 시대의 병적 소용돌이에 휩쓸린 시들의 쓰레기더미만을 보게 될 것"이라고 했다.

이영옥은 조숙한 재능으로 출발한 시인이다. 그는 초기에 여성시의 평인의식과 평정의 시학으로 시의 정체성을 모색하였고, 자아실현의 자족감을 높인다. 그러나 낡고 고루한 전통적 서정시에 대한 치열한 정신요구를 자각하면서, 그의 시는 이질적이고 상반된 양극화의 이미지나 사상을 폭력적으로 결합하는 형이상시의 초월적 전율 기법을 터득해 낸다. 특히 제5시집 『길눈』은 그의 변신의 중요한 참고가 되는 시집이다. 뿐만 아니라 신세대다운 감각과 시의 운용에도 유연한 새 스타일을 선보이고 있다.

머지않아 우리 대전을 흐르는 대전천 갑천 유등천의 맑은 물에는 더 많은 백조가 날아들었으면 한다.

## | 후기 |

2007년 네 번째 시집을 낸 이후 고아가 되었다.

이제 마땅히 어리광을 부릴 곳도 없다. 찾아갈 고향집은 비어 있다. 나이 들어간다는 것인지도 모른다. 아이 둘이 대학에 다니고, 막내 아이가 고등학생이 되었다. 만만치 않은 삶에 동행해 주는 남편과, 늘 바쁜 엄마 곁에서 착하고 곧게 자라준 아이들이 고맙다. 남들은 시어머니와 함께 지내기가 어렵지 않느냐고 하지만 어머님이 나에겐 둘도 없는 든든한 버팀목이다.

시답지 않은 글에 흔쾌히 평설을 허락해 주신 조남익 선생님과 격려의 글을 주신 리헌석 선생님께 감사함을 전한다.

내 시는 어떤 이론을 바탕으로 한 작품이기 전에 생의 기록서다. 마음이 불어오는 돛대에 생각을 보탰다. 슬픔이 늙어지기 전에 내 안의 것들을 조금씩 덜어내는 작업이기도 하다.

짧다면 짧은 인생을 살면서 더불어 산다는 것에 소중함을 느끼며, 살아오면서 은혜를 받고 산 것에 보답하며 살고 싶다. 두고두고 마음 깊이 새기며 살 것이다.

# 길눈

이영옥 시집

발 행 일 | 2013년 3월 25일
지 은 이 | 이영옥
발 행 인 | 李憲錫
발 행 처 | 오늘의문학사
출판등록 | 제55호(1993년 6월 23일)
주　　소 | 대전 동구 삼성1동 125-6 한밭오피스텔 401호
전화번호 | (042)624-2980
팩시밀리 | (042)628-2983
홈페이지 | http://www.lito77.co.kr(홈페이지)
전자우편 | hs2980@hanmail.net

공 급 처 | 한국출판협동조합
주문전화 | (070)7119-1741~2
팩시밀리 | (031)944-8234~6

ISBN 978-89-5669-549-5
값 10,000원